DU PROJET DE LOI

SUR L'INDEMNITÉ

DES ÉMIGRÉS,

Par A.-J. Lherbette.

PARIS,

BAUDOUIN FRÈRES, LIBRAIRES,
RUE DE VAUGIRARD, N°. 36.

1825.

DU PROJET DE LOI

SUR

L'INDEMNITÉ DES ÉMIGRÉS.

Les acquéreurs de domaines nationaux et les anciens propriétaires de ces domaines sont de nouveau mis en présence par le Projet de loi qui vient d'être soumis à la Chambre des Députés.

Depuis long-temps, les acquéreurs manifestent des inquiétudes, et les anciens propriétaires font entendre des réclamations.

Dans le Projet de loi l'on ne s'occupe point directement des premières ; on a surtout pour but de satisfaire les secondes.

Les inquiétudes des acquéreurs ne sont cependant pas chimériques. Je crois avoir montré, dans un précédent écrit (1), que le texte de la Charte et des autres lois, bien que maintenant, en thèse générale, les aliénations de domaines nationaux, permet d'attaquer chacune d'elles en particulier, comme faite sans observation des formes

---

(1) *Difficultés qui peuvent encore s'élever relativement aux propriétés d'origine nationale, et Projet d'une nouvelle loi pour prévenir ces difficultés.* 1820, Baudouin frères.

exigées pour sa validité, et qu'une nouvelle loi devrait être rendue pour donner, à cet égard, des garanties aux acquéreurs.

Les réclamations des anciens propriétaires sont-elles aussi fondées? Et la loi proposée aurait-elle pour résultat de les faire cesser? Serait-elle juste et utile? C'est ce que je vais examiner.

Le Projet de loi veut allouer une indemnité aux anciens propriétaires, ou aux héritiers des anciens propriétaires, des biens-fonds situés en France, confisqués et vendus au profit de l'État, en exécution des lois sur les émigrés, les déportés et les condamnés révolutionnairement.

Il accorde droit sur l'indemnité, pour le capital de leurs créances, aux porteurs de titres antérieurs à la confiscation, et non liquidés par l'État.

Le montant de l'indemnité sera environ d'un milliard.

Le moyen d'y subvenir consistera dans la création des nouvelles rentes, la cessation d'amortissement des anciennes, et la réduction de leurs arrérages.

On remarque, dans la rédaction du Projet de loi et dans celle de ses motifs, que les émigrés sont toujours mis sur le premier plan; et que les déportés et les condamnés révolutionnaires, toujours rejetés dans l'ombre, ne viennent que comme accessoires, sous l'égide des émigrés. Ce sont les dispositions sur les émigrés qui paraissent attirer surtout l'attention du ministère : ce sera aussi sur elles que portera principalement la mienne. Je laisse au lecteur le soin de rendre, quand il y aura lieu, mes observations communes aux déportés et aux condamnés; de même que le ministère, par un article de réminiscence , leur rend communs les articles qui statuent sur les émigrés.

A la vue du Projet, un cri de désapprobation s'est élevé à la fois du côté des émigrés et du côté de la nation.

« Pourquoi, quant à la forme, disent les émigrés , nous confondre dans la même catégorie que les condamnés révolutionnairement, sans aucune distinction? Parmi ces condamnés, ne se trouve-t-il donc pas des Danton, des Marat, des Robespierre! Assassins et victimes sont mis par vous sur la même ligne! Pourquoi, en outre, associer notre indemnité à votre loi sur les rentes? Pourquoi nous présenter à la nation comme la cause de la ruine des rentiers? Est-ce pour réveiller contre nous des haines assoupies? Et, quant au fond, pourquoi nous restreindre à une indemnité? Votre offre prouve que vous reconnaissez l'injustice des spoliations qui nous ont été faites : or, si nous avons été dépouillés injustement, les possesseurs de nos biens ne peuvent les détenir; et ce n'est pas une indemnité qu'il nous faut, mais une restitution : sauf à vous à indemniser , comme vous l'entendrez, les possesseurs actuels. Autrement, par quel motif ne satisferiez-vous qu'en partie des droits que vous reconnaissez en entier? Pourquoi, d'ailleurs, ne nous indemniser que de la perte des biens-fonds? N'avons-nous pas aussi perdu des meubles, des rentes sur l'état, des rentes foncières, féodales, seigneuriales, des droits de toutes espèces? Et pour les immeubles même, quelle indemnité nous accordez-vous! et sur quelles bases voulez-vous la fixer! Le plus souvent, sur une échelle de dépréciation , qui ne nous donnera qu'une valeur réduite, que vous réduisez encore à des 3 pour 100. Ainsi, par exemple, un immeuble nous rapportait 10,000 fr. ; il a été vendu par le gouvernement 200,000 fr.; l'échelle ne détermine souvent qu'à un vingtième la valeur des assignats ; ce qui ne présenterait, en capital, qu'une valeur égale à celle de notre ancien revenu ; et ce capital ne nous rapportera que 3 pour 100 : c'est-à-dire que, au lieu de 10,000 francs de rente, nous en aurons 300 ! Le gouvernement n'a-t-il donc pas réellement pris les 200,000 francs ; et ne les a-t-il pas donnés en assignats, pour se libérer de la même somme ? S'il ne nous rend pas notre bien, qu'il nous rende au moins ce que le bien lui a produit. Et, parmi nous, les émigrés des provinces qui, les premières et le plus constamment, ont donné des preuves de leur fidélité, sont précisément ceux qui recevront l'indemnité la plus faible : c'est, en effet, dans ces provinces, où tous les habitans refusaient d'acquérir les biens enlevés à des hommes dont ils partageaient les opinions, que les ventes ont eu lieu au prix le plus vil. »

« Pourquoi, demande à son tour la nation, indemniser les émigrés, plutôt que les rentiers, ruinés par la réduction au tiers ; les autres créanciers de l'État, par les paiemens en assignats ; les négocians, par le *maximum* et par le pillage de leurs magasins ; les particuliers, par des réquisitions et par des invasions ; les titulaires de charges et d'offices, par des suppressions ; les fournisseurs, par des décrets de déchéance ; un grand nombre de propriétaires non émigrés, par des destructions ; les communes et les autres établissemens publics, le clergé même, par des confiscations ; enfin, tous les citoyens par toute la révolution même ? Si tous ne peuvent être indemnisés, pourquoi indemniser quelques-uns de préférence? Un malheur commun demande une réparation commune, ou une absence générale de réparations. Pourquoi prélever en faveur d'une classe d'hommes une contribution sur la masse des citoyens, parmi lesquels il en est qui ont souffert eux-mêmes autant, et plus que ceux qu'on indemnise? A quel titre demander à des victimes d'en indemniser d'autres? Eh quoi! un milliard pour les émigrés! Leur rentrée devra-t-elle donc être regardée comme une seconde invasion, plus ruineuse que celle des alliés, qui n'a coûté que 700 millions? La plupart des émigrés n'ont-ils pas d'ailleurs souscrit à l'amnistie, c'est-à-dire, à l'oubli du passé, et, par conséquent, à la conservation de ses actes? S'ils reviennent sur l'amnistie, pour réclamer l'indemnité, ils reviendront plus tard sur l'indemnité, pour réclamer la restitution. Les autres victimes de la révolution demanderont ensuite de semblables dédommagemens. Une fois dans la voie des indemnités ou des restitutions, quel en sera le terme? Une fois les actes de la révolution mis en question, où doit-on s'arrêter? Quelles seront aussi les réactions que l'on pourra craindre? On veut fermer des plaies; on les rouvre : on veut calmer des haines; on attise le feu de la discorde. »

Que répond le ministère?

Aux plaintes et aux réclamations des émigrés, rien. Ainsi ils peuvent se regarder comme ayant gain de cause. Qu'ils subissent avec résignation l'indemnité comme ils ont subi l'amnistie; ils pourront, par la suite, n'en pas tenir plus de compte. Elle leur donnera des forces; et ces forces les mettront plus tard en état d'exiger davantage.

Ils forceront alors ce ministère, ou tout autre, à marcher aux dernières conséquences du principe, une fois proclamé, de la réparation des spoliations. Un bon logicien ne se forme pas en un jour.

Mais le ministère ne s'avoue pas de même battu vis-à-vis de la nation. Elle l'effraie moins que ne le font les émigrés. Voici la substance des raisons qu'il lui oppose :

La justice, qui veut qu'on répare envers chacun les maux qu'on lui a fait souffrir ;

Le désir, exprimé par Louis XVIII, de fermer les dernières plaies de la révolution ;

L'odieux des lois contre les émigrés ;

L'énormité des pertes qu'ils ont éprouvées, en comparaison de celles qu'ont souffertes les autres citoyens ;

Enfin l'intérêt de l'état, qui demande qu'on efface les traces entre les propriétés patrimoniales et les propriétés d'origine nationale.

Personne ne conteste la loi, d'éternelle justice, qui ordonne la réparation des maux. Mais chacun conteste le principe de préférence sans causes, en faveur de quelques hommes, dans des réparations de maux qui ont frappé sur tous ; et nous verrons plus bas s'il existe des causes de préférence en faveur des émigrés.

Cette distinction a été très-bien sentie, mais adroitement déguisée, dans la rédaction des Motifs du projet de loi. Lorsqu'il s'agit de faire adopter le principe de l'indemnité, les motifs sont généraux, et s'appliquent à toutes espèces de biens et à toutes espèces de personnes ; ils parlent des anciens propriétaires, de *ceux* qu'on a dépouillés, des *biens*, des *héritages*, de la *propriété*. Mais quand on

7

arrive à l'allocation de l'indemnité, alors, par des nuances
ménagées avec art, ils deviennent spéciaux dans la forme,
de manière à réserver pour quelques victimes l'intérêt
qu'ils ont d'abord excité pour toutes.

C'est aussi dans un sens restreint qu'est interprété le désir,
exprimé par Louis XVIII, de *fermer les dernières plaies
de la révolution*. Les Motifs portent : « Vos vœux appli-
quèrent ces consolantes paroles à la fidélité malheureuse
et dépouillée. » Permis et naturel à des vœux de tout rap-
porter à un seul point : les vœux n'ont pas de règles,
comme souvent ils n'ont pas de bornes. Mais le raisonnement est moins libre dans sa marche. Pour lui, les paroles
n'ont point de sens arbitraire : et celles de Louis XVIII
ne peuvent être prises que comme l'expression vague d'un
vœu général pour la réparation de tous les maux sans distinction. Cette interprétation large est la seule honorable pour un roi, qui, père de tous ses sujets, doit voir
d'un même œil, et plaindre d'un même cœur, les maux
de tous. L'autre ne serait pas seulement étroite ; elle serait
encore dangereuse, et contraire même au Projet de loi.
Car, supposant que les émigrés soient, de tous ceux qui
ont souffert, les plus intéressans, du moins ne sont-ils pas
les seuls ; et *les* DERNIÈRES *plaies* de la révolution ne seraient
pas fermées jusqu'à ce que tous ceux qui ont souffert, tous,
jusqu'aux DERNIERS, fussent indemnisés. Alors, quelle
longue suite et quelle réciprocité d'indemnités il faudrait
attendre ! Ceux qui seraient indemnisés aujourd'hui devraient indemniser demain.

En vain les Motifs disent-ils encore, de l'auteur de
cette Charte qui consacra les résultats actuels de la révolution, que « l'un des premiers désirs de son cœur fut

sans doute de secourir ceux dont l'honorable détresse se rattachait à son propre malheur. » Non. « Le roi de France ne venge pas les injures du duc d'Orléans, » disait Louis XII : « Le roi de France n'acquitte pas les dettes de Monsieur, » aura dit Louis XVIII ; et surtout, « le roi de France est le roi de tous les Français, et non pas le roi des émigrés. »

Au surplus, les paroles attribuées à Louis XVIII sont dans un discours du trône ; et les principes du gouvernement représentatif devraient être assez connus aujourd'hui pour qu'il ne fût plus besoin de rappeler, ce qui a été oublié dans les Motifs, que ces discours sont toujours considérés comme l'œuvre du ministère. Chacun peut à son gré, sans craindre de blesser la majesté royale, les interpréter, les combattre, ou ne pas s'en occuper. Qu'importe alors le sens de ces paroles ? La question n'est pas de savoir si le vœu qu'on leur prête s'y trouve exprimé, mais s'il est juste en lui-même.

Il l'est, reprend le ministère, parce que les lois de confiscation prononcées contre les émigrés ont été « des lois odieuses et de violence. »

Mais, pour qu'elles donnassent droit à une indemnité exclusive, il faudrait encore prouver qu'elles aient été plus odieuses et plus violentes que celles qui ont ruiné d'autres citoyens : et c'est ce que ne prouve pas le ministère.

L'émigration avait levé l'étendard contre le gouvernement. Une fois la guerre déclarée, du droit de détruire les moyens d'attaque ou d'existence de son ennemi, et de se garantir du mal qu'il peut faire, ou de se dédommager de celui qu'il a fait, on a conclu le droit de confisquer ses biens. C'est avec raison sans doute, et dans un noble sentiment, que l'Assemblée constituante, par son décret du 21 janvier 1790, avait aboli la confiscation, et que Louis XVIII a suivi cet exemple dans le pacte constitutionnel qui nous régit : « Quand on confisque pour punir, a dit Montesquieu, on punit bientôt pour confisquer. » Honneur donc aux législateurs qui ont proclamé l'abolition d'une telle mesure ! Mais enfin, tout en s'applaudissant de cette abolition, tout en professant l'opposition la plus prononcée contre les confiscations, ne faut-il pas reconnaître que, dans la guerre, l'attaque contre les biens n'est pas plus criminelle que l'attaque contre les personnes, et qu'un quartier de terre n'est pas plus sacré que la vie d'un homme ? On peut gémir des lois de confiscation prononcées contre les émigrés ; mais on doit avouer qu'elles ne sont pas aussi odieuses que celles qui ont frappé sur les communes, les établissemens publics et le clergé ; qu'elles ne le sont pas autant que les réductions sur les rentes, et que toutes les autres mesures qui ont dépouillé les citoyens restés dans l'intérieur de la France. Ceux-ci furent victimes d'un gouvernement sous lequel ils vivaient, et qui leur fit indignement banqueroute, ou les pilla plus indignement encore ; les émigrés, au contraire, ne se sont vu appliquer que les lois de la guerre, par un gouvernement dont ils s'étaient déclarés les ennemis, et contre lequel ils portaient les armes.

On doit aussi ne pas s'écrier, avec les Motifs, au sujet des lois portées dans notre révolution contre les émigrés, « que son génie fut inventif. » Malheureusement pour l'humanité, il y a long-temps que de telles mesures ne sont plus des inventions ; et l'histoire de tous les âges n'en offre que trop d'exemples. On ne s'étonne point de les retrouver dans des temps de troubles et de guerres civiles ;

mais ce qui surprend, c'est de voir que, dans des temps de tranquillité, elles aient été décrétées et mises en vigueur, pendant longues années, contre des sujets paisibles, sous deux rois dont le caractère n'avait rien de cruel, et dont l'un a reçu de son siècle le nom de *Grand*.

Je n'entrerai pas dans le long historique des lois rendues contre les protestans sous Louis XIV et sous Louis XV. Il me suffit d'en citer deux ; elles sont de Louis XIV.

L'édit du 22 octobre 1685, contenant révocation de l'édit de Nantes, d'avril 1598, portait, Article 4 : « Enjoignons à tous ministres de la religion prétendue réformée, qui ne voudront pas se convertir et embrasser la religion catholique, apostolique et romaine, de sortir de notre royaume et terres de notre obéissance, quinze jours après la publication de notre présent édit, sans y pouvoir séjourner au delà, ni, pendant ledit temps de quinzaine, faire aucun prêche, exhortation, ni autre fonction, à peine des galères. » Art. 9 : « Voulons et entendons que les biens de ceux des sujets de la religion réformée qui, dans ce temps-là de quatre mois, ne reviendront pas dans notre royaume, ou pays et terres de notre obéissance ,.... soient confisqués. » — Art. 10 : « Faisons très-expresses et itératives défenses à tous nos sujets de ladite R. P. R. de sortir, eux, leurs femmes et enfans, de notre royaume, ni d'y transporter leurs biens et effets, sous peine, pour les hommes, des galères, et de confiscation de corps et de biens pour les femmes. » — Art. 12 : « Pourront, au surplus, lesdits de la R. P. R., en attendant qu'il plaise à Dieu les éclairer comme les autres, demeurer dans notre royaume...... , à condition de ne point faire d'exercices, ni de s'assembler sous prétexte de prières ou de culte de ladite religion, de quelque nature qu'il soit, sous les peines ci-dessus de confiscation de corps et biens. » Les galères, l'infamie, contre les hommes qui veulent sortir d'un pays où ils ne peuvent plus exercer leur religion ! la misère, l'emprisonnement contre les femmes qui voudraient suivre leurs maris, auxquelles d'autres lois leur ordonnent obéissance ! Et remarquons que l'article 9, accordant à ceux qui étaient absens un délai de quatre mois pour prévenir la confiscation, par leur rentrée en France, est motivé *pour user de clémence.* Quinze mois plus tard, une déclaration, du 11 février 1699, réitère les mêmes dispositions, et les étend « à ceux qui s'étaient nouvellement convertis, » comme suspects d'avoir fait des conversions simulées pour sortir du royaume. Puis il ajoute : « Voulons que ceux qui contribueront, directement ou indirectement, à leur sortie soient condamnés aux mêmes peines. Défendons pareillement à nosdits sujets de quitter les domiciles qu'ils ont dans le royaume, même sous prétexte d'aller s'habituer dans une autre province, sans une permission expresse, et par écrit, du commissaire départi pour l'exécution de nos ordres, dans la généralité en laquelle ils demeurent, laquelle marquera précisément le lieu où ils doivent aller, et la route qu'ils seront obligés de suivre. »

Cet édit et cette déclaration ne rappellent-ils pas les lois du gouvernement révolutionnaire ? N'y rencontre-t-on pas le modèle des dispositions contre les prêtres, contre les émigrés, des lois de confiscation, des lois sur les passeports, de la loi même des suspects ?

Je fais à regret un tel rapprochement ; et je n'ai pas besoin de dire qu'il n'a point pour but de mettre sur la même ligne les rois que j'ai cités et les auteurs des persécutions contre les émigrés. Mais il en sort une nouvelle preuve de cette vérité que, si les révolutions sont à craindre par les horreurs qu'elles traînent à leur suite, le despotisme n'est pas moins à redouter ; et que, pour l'honneur du trône, comme pour le bonheur du peuple, il faut, dans la balance des institutions politiques, de forts contre-poids au pouvoir des princes.

Les biens confisqués par Louis XIV et par Louis XV ont été, comme on le sait, vendus à vil prix ou distribués à des courtisans, qui n'ont fait aucune difficulté pour les accepter : et il serait facile de citer d'illustres familles dont la fortune dérive de cette source. Or, ce sont souvent ces mêmes biens qui ont été confisqués ensuite sur l'émigré, auquel ils étaient advenus, par voie de successions. Pour réclamer une indemnité, quelle raison pourrait-il opposer qu'on ne puisse lui opposer à lui-même ? Les lois du droit positif ? Elles parlent contre lui aussi-bien que contre les protestans ; et le temps qu'elles fixent pour la prescription est écoulé contre les uns aussi - bien que contre les autres. Les lois de la morale ? Elles porteraient sur les acquéreurs de biens de protestans, sur les ancêtres de l'émigré, représentés par lui, le même jugement que sur les acquéreurs de biens d'émigrés ; et l'émigré ne pourrait recevoir d'une main que pour restituer de l'autre. Une loi, du 5 décembre 1790, remit aux protestans ceux de leurs biens confisqués qui étaient encore possédés par l'État : et une loi, du 5 décembre 1814, ordonna la même restitution en faveur des émigrés. Les protestans réintégrés n'ont fait entendre que des cris de reconnaissance : les émigrés ont élevé des réclamations pour ceux de leurs biens que l'État ne possédait plus. Si on satisfait à ces réclamations, les protestans en pourront former de semblables : et sur quels motifs refusera-t-on aux uns ce que l'on aura cru devoir accorder aux autres ?

On poursuit, et l'on dit : « Les créanciers de l'État, victimes de la plus coupable infidélité, ont perdu les deux tiers de leurs créances ; mais ils en ont conservé une partie ; mais la funeste mesure qui les a dépouillés leur a du moins laissé leurs autres propriétés. Le *maximum*, les assignats ont fait disparaître, au préjudice des négocians et des capitalistes, les valeurs qui étaient entre leurs mains ; mais ils n'ont porté aucune atteinte à leur fortune immobilière. Ceux qui ont souffert des maux de la guerre ont vu sans doute dévaster leurs champs ; mais le sol au moins, le sol leur est resté. Les lois sur les émigrés leur ont ravi leurs créances, leurs meubles, leurs revenus ; ils n'en ont rien gardé : mais de plus, ces lois cruelles les ont privés de la fortune de leur père et de leur mère, au moyen de ce qu'on appelait des partages des pré-successions. »

Remarquons d'abord que, dans ces paroles, il n'est question ni des communes, ni des établissemens publics, ni du clergé, qui ont également tout perdu, et pour lesquels on peut craindre aussi que, plus tard, et par les mêmes raisons, il ne soit également demandé des indemnités.

Mais, en outre, parmi les émigrés, combien ne s'en trouve-t-il pas qui ont sauvé quelques débris du naufrage, ou recouvré une partie de leurs biens par des restitutions ! Et, parmi les autres victimes de la révolution, combien pour lesquelles ce qui leur a été ravi était tout ce qu'elles possédaient ! Si l'étendue des pertes, et non la qualité des individus, est la cause et la règle de l'indemnité, il faudrait que cette indemnité fût répartie entre tous les citoyens, sans distinction de classes, et dans la proportion des pertes qu'ils ont éprouvées. L'évaluation sera possible.

Pour les immeubles, on a les travaux de la régie; pour les créances, on aura les registres de la trésorerie; pour les rentes, les livres des transferts; et pour les pertes que des écrits ne démontreront pas, la voie des enquêtes.

Enfin, ajoute-t-on, l'intérêt public veut qu'on « ferme une plaie que la restauration a laissée saignante, et qui porte sur le corps entier, quoiqu'elle paraisse n'affecter que quelques membres; » qu'on efface « la trace encore vivante d'un attentat aux droits les plus saints (ceux de la propriété); » qu'on rende « des fonds, devenus stériles pour lui, à une circulation fructueuse. »

Le mal indiqué est réel; mais le remède proposé est-il efficace?

Sans doute, les propriétés d'origine nationale sont frappées de défaveur. Mais par quel motif? Par l'inquiétude que ressentent les possesseurs de ces propriétés. Quelle est la cause de cette inquiétude? la marche tortueuse qu'a toujours suivie, à cet égard, le gouvernement depuis la restauration. Et c'est de cette inquiétude qu'il se ferait un titre dans les demandes qu'il forme! Singulier argument que celui qu'on tire de ses propres torts! Quelle que soit, au surplus, la source du mal, voyons le remède. On n'en propose que pour une certaine classe de biens, pour ceux des émigrés. Le mal subsisterait donc en entier pour d'autres classes de biens, pour ceux des communes, des établissemens publics, et du clergé. Il deviendrait même plus fort pour ces derniers, jusqu'à ce que leur tache originelle ait été également effacée. On répondra peut-être qu'il ne peut s'agir d'indemnités ni de restitutions relativement à des biens provenant de corps qui ne subsistent plus. Mais d'abord, les communes et un grand nombre d'établissemens dépouillés subsistent encore. Ensuite, si l'on rétablit plus tard ceux qui ont été supprimés, on parlera de la distinction entre un gouvernement de fait et un gouvernement de droit; on dira que ces établissemens ou ordres n'ont été que suspendus par le fait, qu'ils renaissent par le droit, et renaissent avec toutes leurs prérogatives. Et, d'un autre côté, si on ne les rétablit pas, on prétendra qu'il est juste de veiller au sort des individus, dont la réunion formait le corps; que ce qui appartenait au corps ne pouvait lui appartenir que comme réunion d'individus, et que, dans l'impossibilité de lui restituer, il est juste de restituer à ceux dont il se composait, ou même à ceux qui les représentent. Est-on jamais embarrassé pour motiver une loi?

N'envisageant même celle-ci que par rapport aux émigrés, on doit sentir qu'elle ne ferait que consacrer leur droit sans les satisfaire; proclamer leur force; augmenter l'inquiétude; laisser craindre que bientôt ils n'élevassent des prétentions à la réparation d'autres pertes, et ne revendiquassent même les biens pour lesquels ils auraient reçu des indemnités.

Quel est donc le remède à la dépréciation des biens d'origine nationale? Le temps, et une volonté, franchement exprimée et franchement exécutée, de maintenir ce qui existe, et de consacrer les résultats actuels de la révolution.

Dans cet écrit, qui a seulement pour objet d'examiner s'il est juste et utile d'accorder une indemnité aux émigrés, je n'ai point à m'occuper du moyen proposé pour subvenir au paiement de l'indemnité.

Je néglige aussi plusieurs critiques, qu'on pourrait faire, sur le mode d'évaluation, qui n'est pas toujours conforme à l'équité ; sur celui d'admission et de pourvoi, qui n'offre pas de garanties suffisantes contre l'arbitraire ; sur celui de délivrance, qui ferait passer une partie de l'indemnité entre les mains des agens d'affaires ; et sur une rédaction, souvent impropre et obscure, qui donnerait naissance à de nombreuses difficultés. Toute cette partie de la loi est dans l'intérêt de ceux qui recevraient l'indemnité, et son examen sort également du plan que je me suis tracé.

Mais je demande :

Pourquoi ne parle-t-on point des transactions que les émigrés ont faites avec les acquéreurs? Si l'émigré a cédé tous ses droits relatifs aux biens, il ne peut recevoir deux prix pour une même chose, et c'est à l'acquéreur que l'indemnité devrait être allouée.

Pourquoi n'accorde-t-on qu'aux créanciers antérieurs à l'émigration le pouvoir de former opposition à la délivrance de l'inscription de rentes allouée pour l'indemnité ? Les créanciers postérieurs, privés de tout droit avant cette délivrance, en seront aussi privés quand une fois elle aura été opérée, puisque les rentes sur l'état sont insaisissables. Or, pourquoi prendre soin de soustraire des biens d'un débiteur à l'action de quelques-uns de ses créanciers? et pourquoi les prêts faits à l'émigré dans le temps de ses malheurs, et qui ont soutenu son existence, sont-ils traités avec plus de défaveur que ceux qui lui avaient été faits aux jours de sa prospérité ?

Pourquoi, en ne voyant même que les créanciers antérieurs à l'émigration, ne donne-t-on des droits sur le montant de l'indemnité qu'à ceux d'entr'eux dont les titres n'ont pas été liquidés par l'État ? Les autres ont été remboursés en assignats sans valeur ; et cependant ils avaient rempli toutes les formalités qu'ont négligées les premiers. Est-il juste que les créanciers diligens portent la peine de leur soin, et que les créanciers négligens recueillent, au contraire, le fruit de leur faute? L'équité n'exigerait-elle pas au moins qu'on les mît tous sur la même ligne, et que les créanciers liquidés obtinssent un supplément, qui assimilât leur sort à celui des créanciers non liquidés?

Pourquoi ne fait-on pas une distinction entre les créanciers privilégiés ou hypothécaires et les simples chirographaires? Les premiers, qui avaient un droit de préférence sur la chose ou sur son prix, ne devraient-ils pas l'avoir également sur l'indemnité, représentative de la chose ou du prix?

Pourquoi l'opposition ne pourra-t-elle valoir que pour le capital, et non pour les intérêts, qui font également partie des créanciers? Parce que, dit-on, l'émigré ne touche lui-même une indemnité que pour le capital de la valeur des biens qu'il a perdus. Mais qu'importe? C'est la personne du débiteur qui est tenue principalement de la dette, et de toute la dette : les biens n'en sont tenus qu'accessoirement, comme gages; leur perte ne détruit donc pas l'obligation du débiteur; cette obligation subsiste entière, et frappe sur les biens qu'il acquiert par la suite, et qui forment tous le gage commun de ses créanciers; le débiteur n'a droit sur ces biens qu'après le paiement de ce qu'il doit en capital et intérêts; en un mot, suivant l'expression consacrée, il n'y a de biens que déduction faite des dettes. Ces principes sont incontestés, et le ministère lui-même les reconnaît lorsqu'il dit que les créanciers conservent sur tous les autres biens de l'émigré leurs droits pour les intérêts. Or, pourquoi ne les conserveraient-ils pas également sur le montant de l'indemnité?

Pourquoi enfin ce projet de loi est-il mêlé avec un

projet de réduction de rentes , qui lui est étranger , et qui se glisse à ses côtés , comme à la dérobée. Le premier est-il destiné à servir de passe-port au second? A-t-on pensé que les Chambres voteraient plus facilement la réduction de la rente , si on la leur demandait comme condition d'une indemnité à laquelle la majorité de leurs membres devra prendre part? A-t-on pensé que les représentans de la nation s'aviliraient au point de se laisser influencer par des considérations d'intérêt personnel , et de vendre honteusement leurs voix? Croyons, au contraire , que , semblables à des juges intéressés dans une cause déférée à leur tribunal, ils montreront , par une noble récusation, combien ils sont pénétrés du sentiment de leur dignité.

J'ai essayé de prouver que la loi proposée serait injuste dans son principe, erronée dans son but, fautive dans ses moyens, funeste dans ses conséquences. Elle se présente, il est vrai, sous l'aspect favorable d'un secours au malheur, et d'un adoucissement à des souffrances ; mais, en fait de lois, les impulsions du cœur sont subordonnées aux calculs de la raison, et la voix du sentiment doit être dominée par celles de la justice et de l'intérêt public.

ADDITION,

RELATIVE

A LA SÉANCE DE LA CHAMBRE DES DÉPUTÉS

DU 8 JANVIER 1825.

CES pages étaient livrées à l'impression lorsqu'il fut question, à la Chambre des Députés, dans la séance du samedi, 8 janvier, d'une pétition présentée par un acquéreur de domaines nationaux, qui, ayant transigé avec l'ancien propriétaire, et obtenu de lui, moyennant une somme convenue et payée, la ratification de la vente, réclamait l'indemnité à laquelle l'émigré aurait pu prétendre.

Le renvoi de la pétition à la future commission fut adopté, à une faible majorité.

L'ordre du jour avait été demandé sur trois motifs.

« Une telle transaction, avait dit un député, est un contrat aléatoire, dont chacun doit subir les chances. » Je ne comprends pas ce raisonnement, ou bien il est entièrement en faveur de l'acquéreur. Quelles pourraient être, en effet, les chances qu'il aurait voulu acheter? Évidemment celles des droits qui écherraient à l'émigré.

« Il existe dans le Code civil, avait ajouté un autre député, une disposition qui porte que, lorsque quelqu'un a payé ce qu'il ne devait pas, il a action pour réclamer cette somme; c'est

ce que la loi romaine appelait l'action de *condictione indebiti.* » Oui ; mais cette action n'est point admise , à moins
de fraude, en matière de transactions, parce que, comme le
disent les lois romaines, citées par l'honorable député, le désir
d'éviter une contestation, même dénuée de tout fondement,
forme une cause suffisante de la transaction. (L. 65 , § 1 ,
ff. *de condict. indeb.*, et l. 2, C., *de trans.*) C'est, au surplus,
ce qui a été jugé par une multitude d'arrêts , et notamment
pour les espèces de transactions dont il est ici question, par
deux arrêts de la Cour de cassation, sect. civ., des 22 juil-
let 1811, et 3 décembre 1813. Si donc le possesseur, qui a
transigé avec l'émigré, veut faire valoir ses droits, il ne
devra pas intenter devant les tribunaux l'action de *condictione indebiti :* il serait sûr de la voir repousser.

Mais si, par son contrat, il a acheté de l'émigré tous les
droits relatifs au bien , il pourra prétendre que l'indemnité allouée en représentation du bien est un droit rela-
tif à ce bien ; et alors, non pas former opposition sur le
montant de l'indemnité, puisque la loi n'accorderait ce droit
qu'aux créanciers antérieurs à la confiscation ; non pas
saisir la rente délivrée pour l'indemnité, puisque les rentes
sur l'État sont insaisissables ; mais actionner l'émigré en
paiement d'une somme égale au montant de l'indemnité ,
remise tant à lui qu'à ses créanciers , ou bien en résiliation
du contrat, et par conséquent en restitution du prix , faute
de délivrance de la chose. Si , au contraire , il n'a acheté
que le droit de n'être point inquiété par l'émigré relativement au bien , il ne pourra prétendre ni au montant de
l'indemnité , ni à la restitution du prix par lui payé. Les
questions qui s'élèveraient sur ces traités rouleraient alors
sur des interprétations d'actes.

Il faudrait , à cet égard , ajouter dans la loi une disposition, en quelque sens que ce soit, pour prévenir d'innombrables procès.

Un troisième député n'a pas craint d'aborder franchement la question. Voici ses expressions : « C'est à peu près comme si un homme avait été volé, et que, après avoir été volé, il transigeât avec l'auteur du vol, et que celui-ci demandât à participer aux dédommagemens qu'on aurait accordés à sa victime. » Il est inutile de s'arrêter à cette comparaison, si souvent réfutée, et qui l'a été aussi dans le cours de cet écrit ; mais on peut demander pourquoi ceux qui parlent ainsi de *vols* croient avoir besoin d'une nouvelle loi pour exercer leurs droits. Je me fais un plaisir de leur indiquer des dispositions dont ils argumenteront probablement. Elles se trouvent dans un décret du 10 vendémiaire an iv. A la vérité, il est de la Convention ; mais ne peut-on pas prendre des armes chez ses ennemis ? ce n'est point là une reconnaissance de droits, c'est une conquête. Ce décret porte : « Chaque commune est responsable des délits commis à force ouverte, ou par violence, sur son territoire, par des attroupemens ou rassemblemens, armés ou non armés, soit envers les personnes, soit contre les propriétés, nationales ou privées, ainsi que des dommages-intérêts auxquels ils donneront lieu. » (Tit. iv, art. 1er.) « Lorsque, par suite de rassemblemens ou attroupemens, un citoyen aura été contraint de payer, lorsqu'il aura été volé ou pillé sur le territoire d'une commune, tous les habitans de la commune seront tenus de la restitution, en même nature, des objets pillés et choses enlevées par force, ou d'en payer le prix sur le pied du double de leur valeur, au cours du jour où le pillage aura été commis. » (Tit. v, art. 1er.) — « Les dommages-intérêts ne pourront jamais être moindres que la valeur entière des objets pillés et choses enlevées. » (Même titre, art. 6.) La révolution n'a été, sans contredit, qu'une série de *rassemblemens ou attroupemens, armés ou non armés,* par suite desquels les émigrés ont été *volés et pillés* : il leur faut *la restitution des biens et le paiement de la valeur* de ces biens, ou une *indemnité du triple de cette valeur.* Que l'indemnité offerte paraît faible, quand on la compare à des droits si grands et si bien établis.

FIN.

PARIS. — IMPRIMERIE DE FAIN, RUE RACINE, N°. 4,

PLACE DE L'ODÉON.

www.ingramcontent.com/pod-product-compliance
Lightning Source LLC
Chambersburg PA
CBHW062319070726
47596CB00009B/2337